Quinceañera

In

Celebration

of

_____

On _____

Place _____

Photos

Birthday Wishes

Name

Wishes

_____

_____

_____

_____

_____

_____

_____

_____

_____

_____

_____

_____

_____

_____

Name

Wishes

_____

_____

_____

_____

_____

_____

_____

_____

_____

_____

_____

_____

_____

_____

Name

Wishes

_____

_____

_____

_____

_____

_____

_____

_____

_____

_____

_____

_____

Photos

Birthday Wishes

Name	Wishes

Name	Wishes

Name	Wishes

Photos

Birthday Wishes

Name	Wishes

Name	Wishes

Name	Wishes

Photos

Birthday Wishes

Name	Wishes
_____	_____
_____	_____
_____	_____
_____	_____
_____	_____
_____	_____
_____	_____

Name	Wishes
_____	_____
_____	_____
_____	_____
_____	_____
_____	_____
_____	_____
_____	_____

Name	Wishes
_____	_____
_____	_____
_____	_____
_____	_____
_____	_____
_____	_____

Photos

Birthday Wishes

Name	Wishes

Name	Wishes

Name	Wishes

Photos

Birthday Wishes

Name	Wishes

Name	Wishes

Name	Wishes

Photos

Birthday Wishes

Name	Wishes
_____	_____
_____	_____
_____	_____
_____	_____
_____	_____
_____	_____
_____	_____

Name	Wishes
_____	_____
_____	_____
_____	_____
_____	_____
_____	_____
_____	_____
_____	_____

Name	Wishes
_____	_____
_____	_____
_____	_____
_____	_____
_____	_____
_____	_____
_____	_____

Photos

Birthday Wishes

Name	Wishes

Name	Wishes

Name	Wishes

Photos

Birthday Wishes

Name	Wishes

Name	Wishes

Name	Wishes

Photos

Birthday Wishes

Name	Wishes
_____	_____
_____	_____
_____	_____
_____	_____
_____	_____
_____	_____

Name	Wishes
_____	_____
_____	_____
_____	_____
_____	_____
_____	_____
_____	_____

Name	Wishes
_____	_____
_____	_____
_____	_____
_____	_____
_____	_____
_____	_____

Photos

Birthday Wishes

Name	Wishes

Name	Wishes

Name	Wishes

Photos

Birthday Wishes

Name	Wishes

Name	Wishes

Name	Wishes

Photos

Birthday Wishes

Name	Wishes

Name	Wishes

Name	Wishes

Photos

Birthday Wishes

Name

Wishes

_____

_____

_____

_____

_____

_____

_____

_____

_____

_____

_____

_____

_____

_____

Name

Wishes

_____

_____

_____

_____

_____

_____

_____

_____

_____

_____

_____

_____

_____

_____

_____

_____

_____

_____

Name

Wishes

_____

_____

_____

_____

_____

_____

_____

_____

_____

_____

_____

_____

Photos

Birthday Wishes

Name	Wishes

_____ _____
_____ _____
_____ _____
_____ _____
_____ _____
_____ _____
_____ _____

Name	Wishes

_____ _____
_____ _____
_____ _____
_____ _____
_____ _____
_____ _____
_____ _____

Name	Wishes

_____ _____
_____ _____
_____ _____
_____ _____
_____ _____
_____ _____

Photos

Birthday Wishes

Name	Wishes

Name	Wishes

Name	Wishes

Photos

Birthday Wishes

Name	Wishes

Name	Wishes

Name	Wishes

Photos

Birthday Wishes

Name	Wishes

Name	Wishes

Name	Wishes

Photos

Birthday Wishes

Name   Wishes

_____   _____
_____   _____
_____   _____
_____   _____
_____   _____
_____   _____
_____   _____

Name   Wishes

_____   _____
_____   _____
_____   _____
_____   _____
_____   _____
_____   _____
_____   _____

Name   Wishes

_____   _____
_____   _____
_____   _____
_____   _____
_____   _____

Photos

Birthday Wishes

Name   Wishes

_____   _____
_____   _____
_____   _____
_____   _____
_____   _____
_____   _____
_____   _____

Name   Wishes

_____   _____
_____   _____
_____   _____
_____   _____
_____   _____
_____   _____
_____   _____

Name   Wishes

_____   _____
_____   _____
_____   _____
_____   _____
_____   _____

Photos

Birthday Wishes

Name

Wishes

_____   _____
_____   _____
_____   _____
_____   _____
_____   _____
_____   _____
_____   _____

Name

Wishes

_____   _____
_____   _____
_____   _____
_____   _____
_____   _____
_____   _____
_____   _____

Name

Wishes

_____   _____
_____   _____
_____   _____
_____   _____
_____   _____
_____   _____

Photos

Birthday Wishes

Name	Wishes

Name	Wishes

Name	Wishes

Photos

Birthday Wishes

Name	Wishes

Name	Wishes

Name	Wishes

Photos

Birthday Wishes

Name	Wishes
_____	_____
_____	_____
_____	_____
_____	_____
_____	_____
_____	_____

Name	Wishes
_____	_____
_____	_____
_____	_____
_____	_____
_____	_____
_____	_____

Name	Wishes
_____	_____
_____	_____
_____	_____
_____	_____
_____	_____

Photos

Birthday Wishes

Name	Wishes
_____	_____
_____	_____
_____	_____
_____	_____
_____	_____
_____	_____
_____	_____

Name	Wishes
_____	_____
_____	_____
_____	_____
_____	_____
_____	_____
_____	_____
_____	_____

Name	Wishes
_____	_____
_____	_____
_____	_____
_____	_____
_____	_____
_____	_____

Photos

Birthday Wishes

Name

Wishes

_____
_____
_____
_____
_____
_____
_____

_____
_____
_____
_____
_____
_____
_____

Name

Wishes

_____
_____
_____
_____
_____
_____
_____

_____
_____
_____
_____
_____
_____
_____

Name

Wishes

_____
_____
_____
_____
_____
_____

_____
_____
_____
_____
_____
_____

Photos

Birthday Wishes

Name	Wishes

Name	Wishes

Name	Wishes

Photos

Birthday Wishes

Name	Wishes

Name	Wishes

Name	Wishes

Photos

Birthday Wishes

Name

Wishes

_____

_____

_____

_____

_____

_____

_____

_____

_____

_____

_____

_____

_____

_____

Name

Wishes

_____

_____

_____

_____

_____

_____

_____

_____

_____

_____

_____

_____

_____

_____

Name

Wishes

_____

_____

_____

_____

_____

_____

_____

_____

_____

_____

Photos

Birthday Wishes

Name   Wishes

_____   _____
_____   _____
_____   _____
_____   _____
_____   _____
_____   _____

Name   Wishes

_____   _____
_____   _____
_____   _____
_____   _____
_____   _____
_____   _____

Name   Wishes

_____   _____
_____   _____
_____   _____
_____   _____
_____   _____
_____   _____

Photos

Birthday Wishes

Name	Wishes

Name	Wishes

Name	Wishes

Photos

Birthday Wishes

Name	Wishes

Name	Wishes

Name	Wishes

Photos

Birthday Wishes

Name	Wishes

Name	Wishes

Name	Wishes

Photos

Birthday Wishes

Name	Wishes

Name	Wishes

Name	Wishes

Photos

Birthday Wishes

Name   Wishes

_____   _____
_____   _____
_____   _____
_____   _____
_____   _____
_____   _____
_____   _____

Name   Wishes

_____   _____
_____   _____
_____   _____
_____   _____
_____   _____
_____   _____
_____   _____

Name   Wishes

_____   _____
_____   _____
_____   _____
_____   _____
_____   _____
_____   _____

Photos

Birthday Wishes

Name	Wishes

Name	Wishes

Name	Wishes

Photos

Birthday Wishes

Name

Wishes

_____
_____
_____
_____
_____
_____
_____

Name

Wishes

_____
_____
_____
_____
_____
_____
_____

Name

Wishes

_____
_____
_____
_____
_____

Photos

Birthday Wishes

Name

Wishes

_____

_____

_____

_____

_____

_____

Name

Wishes

_____

_____

_____

_____

_____

_____

Name

Wishes

_____

_____

_____

_____

_____

Photos

Birthday Wishes

Name

Wishes

_____
_____
_____
_____
_____
_____
_____

_____
_____
_____
_____
_____
_____
_____

Name

Wishes

_____
_____
_____
_____
_____
_____
_____

_____
_____
_____
_____
_____
_____
_____

Name

Wishes

_____
_____
_____
_____
_____
_____

_____
_____
_____
_____
_____
_____

Photos

Birthday Wishes

Name	Wishes

Name	Wishes

Name	Wishes

Photos

Birthday Wishes

Name   Wishes

_____   _____
_____   _____
_____   _____
_____   _____
_____   _____
_____   _____
_____   _____

Name   Wishes

_____   _____
_____   _____
_____   _____
_____   _____
_____   _____
_____   _____
_____   _____

Name   Wishes

_____   _____
_____   _____
_____   _____
_____   _____
_____   _____
_____   _____

Photos

Birthday Wishes

Name

Wishes

Name

Wishes

Name

Wishes

Photos

Birthday Wishes

Name

Wishes

Name

Wishes

Name

Wishes

Photos

Birthday Wishes

Name

Wishes

_____
_____
_____
_____
_____
_____
_____

_____
_____
_____
_____
_____
_____
_____

Name

Wishes

_____
_____
_____
_____
_____
_____
_____

_____
_____
_____
_____
_____
_____
_____

Name

Wishes

_____
_____
_____
_____
_____
_____

_____
_____
_____
_____
_____
_____

Photos

Birthday Wishes

Name	Wishes

Name	Wishes

Name	Wishes

Gifts Received

Received from	Gift	Thank you Sent

Gifts Received

Received from	Gift	Thank you Sent

Gifts Received

Received from	Gift	Thank you Sent

Gifts Received

Received from	Gift	Thank you Sent

Gifts Received

Received from	Gift	Thank you Sent

Gifts Received

Received from	Gift	Thank you Sent

Gifts Received

Received from	Gift	Thank you Sent

Gifts Received

Received from	Gift	Thank you Sent

Guests

_____
_____
_____
_____
_____
_____
_____
_____
_____
_____
_____
_____
_____
_____
_____
_____
_____
_____

Guests

_____
_____
_____
_____
_____
_____
_____
_____
_____
_____
_____
_____
_____
_____
_____
_____
_____
_____
_____

Guests

Guests

Guests

Guests

_____
_____
_____
_____
_____
_____
_____
_____
_____
_____
_____
_____
_____
_____
_____
_____
_____
_____
_____
_____
_____

Guests

_____

_____

_____

_____

_____

_____

_____

_____

_____

_____

_____

_____

_____

_____

_____

_____

_____

_____

Guests

_____

_____

_____

_____

_____

_____

_____

_____

_____

_____

_____

_____

_____

_____

_____

_____

_____

_____

_____

_____

Guests

_____
_____
_____
_____
_____
_____
_____
_____
_____
_____
_____
_____
_____
_____
_____
_____
_____
_____
_____

Guests